LE CHEMIN DE FER

INTER-OCÉANIQUE

DU HONDURAS

ÉTUDE

SUR L'AVENIR COMMERCIAL ET INDUSTRIEL

DE

L'AMÉRIQUE CENTRALE

PAR

Victor HERRAN

PARIS

IMPRIMERIE DE VICTOR GOUPY,

rue Garancière, 5

1868

CARTE
de
L'AMÉRIQUE CENTRALE

TRACÉ
des Chemins de fer de Honduras et de Panama
et des lignes de navigation
qui aboutissent à ces Chemins de fer.

LE CHEMIN DE FER

INTER-OCÉANIQUE

DU HONDURAS

ÉTUDE

SUR L'AVENIR COMMERCIAL ET INDUSTRIEL

DE

L'AMÉRIQUE CENTRALE

PAR

Victor HERRAN

PARIS
IMPRIMERIE DE VICTOR GOUPY,
rue Garancière, 5

—

1868

ÉTUDE

SUR L'AVENIR COMMERCIAL ET INDUSTRIEL

DE

L'AMÉRIQUE CENTRALE

L'axiome américain : *times is money*, est devenu une réalité pour tous les peuples.

En voyant l'impulsion donnée aux affaires industrielles et commerciales par l'emploi de la vapeur et de la télégraphie électrique, tous les hommes pratiques reconnaissent aujourd'hui que de la promptitude dans les transactions et de la mobilisation des capitaux dépend presque toujours le succès des entreprises.

C'est ainsi que les fameux clippers, construits exclusivement pour la marche, il y a quelques années, se trouvent actuellement délaissés pour les bateaux à vapeur, malgré la différence énorme qui existe entre ces deux sortes de bâtiments quant au prix de fret et de passage.

Et, en effet, l'expérience a démontré que, dans ce cas-là, l'argent, perdu d'un côté, se retrouvait largement d'un autre, et que, comparé à la valeur du temps, le surcroît de dépenses était insignifiant.

Si l'on veut se rendre compte de cette vérité, on n'a qu'à jeter les yeux sur le mouvement ascensionnel d'affaires qui s'est produit à Panama, depuis l'établissement du chemin de fer qui fut livré à la circulation en 1855. Les résultats progressifs, donnés par l'exploitation de cette ligne, sont sans précédents, comme on pourra en juger par les chiffres groupés plus loin.

Mais, avant d'entrer dans ces calculs, qu'il nous soit permis de passer succinctement en revue les divers projets qui ont été présentés, depuis nombre d'années, pour percer l'isthme de Panama, afin d'établir entre l'Europe et l'extrême Orient une voie de communication facile et de supprimer la nécessité où l'on était, pour effectuer ce voyage, de doubler le cap des Tempêtes.

Après des études approfondies et des recherches répétées, tous ces projets ont été successivement abandonnés pour différentes raisons.

Parmi les localités que l'on croyait propres à l'établissement d'un canal, Panama est, sans contredit, le point qui a le plus attiré l'attention des hommes compétents. En 1827, Bolivar nomma les ingénieurs Loyd et Falmach pour faire le nivellement du détroit entre Boca Grande, près Panama, et Chagres. Ces deux ingénieurs travaillèrent pendant deux ans ; mais ils furent d'opinion qu'un canal n'était pas possible en cet endroit, attendu que la rivière de Chagres, destinée à alimenter l'écluse culminante, ne débitait pas assez d'eau pour cet objet ; ils constatèrent aussi que les ports formant les extrémités du tracé ne possédaient aucune des qualités requises pour un grand mouvement commercial.

En 1829, le baron de Thierry obtint, à son tour, une concession du gouvernement de Bogota pour creuser un canal ; mais il dut également renoncer à son projet, après s'être convaincu des difficultés insurmontables qu'il rencontrerait dans l'exécution de cette entreprise.

A la suite du baron de Thierry, parti pour la Nouvelle-Zélande, où il fut nommé roi, MM. Salomon et Joly de Sablas se portèrent concessionnaires des mêmes travaux, mais furent forcés, par les mêmes causes, d'abandonner la partie.

Plus tard, les ingénieurs Garella et Courtine furent envoyés sur les lieux pour s'assurer si, réellement, l'établissement d'un canal était impraticable ; leur opinion fut qu'il ne pouvait être établi qu'à l'aide d'un tunnel qui coûterait à lui seul trois cents millions. Depuis lors, le projet de percer l'isthme fut complétement abandonné, et le plan du chemin de fer qui existe aujourd'hui, définitivement arrêté.

Une compagnie américaine se constitua en 1849, pour en assurer la construction, et elle le fit exécuter, au prix de sacrifices énormes, tant en hommes qu'en argent ; car on dût surmonter de grandes difficultés, notamment entre Colon et Gatun, où il existe des marais pestilentiels très-profonds et où, sur une longueur de 12 kil. environ, les rails durent être posés sur pilotis.

Il a donc fallu la persévérance des Américains pour entreprendre une œuvre aussi difficile ; il a fallu leur esprit aventureux pour engager près de cinquante millions de francs dans une entreprise dont ils ne pouvaient que supputer très-vaguement les résultats futurs. Le succès a dépassé toute prévision, car, en moins de douze ans, ce capital a été quadruplé par l'exploitation du chemin de fer.

Néanmoins, malgré tous les avantages qu'elle présente, cette nouvelle voie de communication était encore insuffisante, et l'on songea de nouveau à utiliser les lacs du Nicaragua pour établir un canal entre les deux mers ; mais, d'une part, l'absence de ports convenables aux deux extrémités de ce canal, de l'autre, les dépenses considérables qu'entraînerait sa construction ont découragé les personnes qui avaient eu d'abord l'intention de patronner cette entreprise.

M. le capitaine Pim a cru trouver un moyen de tout concilier : il a proposé de construire un chemin de fer partant de la rade qui porte son nom et qui est située entre les ports de Greyton et Bluefield-Mosquisie. Ce chemin de fer aboutirait au lac de Nicaragua où des bateaux à vapeur prendraient les passagers et les marchandises pour les transporter à Grenade. Là, une seconde voie ferrée conduirait jusqu'à Chinandega où l'on s'embarquerait de nouveau, pour traverser la crique appelée port de Realejo, et se rendre au port de Corinte qui se trouve sur l'Océan Pacifique, à 40 kilomètres au sud de la baie de Fonseca.

Ce projet, qui est encore à l'étude, ne nous paraît pas plus réalisable que les autres.

Effectivement, le port de Corinte, s'il est bien abrité contre les coups de vent, est tellement petit que trois navires auraient de la peine à s'y mouvoir à la fois. Quant à la rade devant servir de point de départ sur l'Atlantique, elle est ouverte au vent du nord qui, pendant six mois de l'année, souffle sans interruption dans ces contrées et quelquefois avec tant de violence qu'il jette à la côte les plus gros navires. Il serait inutile de songer à y établir une jetée : elle ne pourrait résister longtemps au choc impétueux des vagues. En second lieu, les passagers et les marchandises auraient à supporter quatre transbordements avant d'être embarqués définitivement sur le Pacifique, ce qui occasionnerait, pour les uns comme pour les autres, de graves inconvénients.

Quant au projet de chemin de fer entre le golfe du Mexique et Téhuantépec, il ne se présente pas dans des conditions beaucoup plus favorables : d'abord, la tête de ligne, qui serait sur le Guaxacoalco, serait dépourvue de port. L'entrée même de cette rivière est difficile, en raison de la barre qui existe à son embouchure. Il faudrait donc que les grands navires transatlantiques vinssent débarquer à la Vera-Cruz, dont le climat est insalubre à certaines époques de l'année, leurs marchandises et leurs passagers qui seraient transbordés sur d'autres vapeurs tirant peu d'eau, et amenés ainsi jusqu'au chemin de fer.

Le port, où cette ligne aboutirait sur l'Océan Pacifique, est étroit et incommode; en outre, il est exposé à des coups de vent terribles, soit du nord, soit de l'ouest, ainsi que l'atteste d'ailleurs son nom de « *Ventosa.* »

Enfin, un dernier plan avait été proposé, celui du Darien. Chargé de l'examiner, M. Flachat fils, ingénieur civil, reconnut que l'entreprise n'était pas impraticable, mais qu'elle occasionnerait de telles dépenses qu'il fallait y renoncer.

Nous venons de passer en revue tous les projets qui ont été mis sur le tapis, excepté toutefois de celui d'établir un canal entre l'Atrato et le Pacifique, dont nous croyons devoir faire grâce à nos lecteurs.

En 1852, M. Squier, chargé d'affaires des États-Unis à Nicaragua, frappé de l'insuffisance des ports où devait aboutir la ligne de Panama, alors en voie d'exécution, eut l'idée d'explorer les territoires de l'Amérique centrale, afin de poser les jalons d'une grande voie inter-océanique qui pût offrir au commerce universel tous les avantages désirables.

La république du Honduras lui parut, par la sûreté et la grandeur de ses ports sur les deux océans Atlantique et Pacifique, réunir les conditions qu'il cherchait. Il s'entoura donc d'hommes intelligents et spéciaux qui complétèrent ses travaux, et bientôt un corps d'ingénieurs anglais et américains, sous la direction du colonel Stanton, ingénieur en chef envoyé par le gouvernement de la Grande-Bretagne, leva tous les plans nécessaires à l'établissement de la nouvelle voie ferrée.

L'un des points de départ de la ligne, le port de Caballos ou Cortez, sur l'Atlantique, réunit toutes les conditions voulues pour être classé au rang de port de premier ordre; il se trouve placé par 15° 49' de latitude Nord et 87° 57' de longitude Ouest; sa circonférence est d'environ 15 kilomètres, et sa profondeur de 4 à 12 brasses; il est parfaitement abrité et, si on le protège par une jetée de 20 mètres seulement, les plus grands bâtiments transatlantiques pourront y aborder à quai, par 5 brasses d'eau.

L'autre point, la baie de Fonseca, sur le Pacifique, offre un abri encore plus sûr. Elle est située par 13° 24' de latitude Nord et 87° 35' de longitude Ouest. Son étendue est de 80 kilomètres en longueur sur 48 de largeur, avec une profondeur de 3 à 20 brasses d'eau; elle se trouve enclavée dans les états du Honduras, du Salvador et du Nicaragua. La ligne ferrée pourrait se terminer à Saint-Laurent, à l'île de Sacate Grande ou à celle du Tigre où se trouve le port franc d'Amapala, appartenant au Honduras. Les grands navires viendraient ainsi embarquer et débarquer à quai, par le moyen d'une jetée de peu de mètres de développement.

Le climat de la république du Honduras est, sans contredit, un des plus salubres de ces parages ; on n'y a jamais constaté un seul cas de fièvre jaune, ni de maladie endémique ou épidémique. La température y est des plus agréables ; elle varie de 15° à 24° centigrades à l'intérieur et de 25° à 30° sur les côtes.

On ne rencontre point de marais sur le parcours de la ligne ; le voisinage des ports est extrêmement propice à l'établissement de grandes villes. Les produits du sol sont variés et abondants ; ce sont : le tabac, l'indigo, le coton, le sucre, le café, les bois d'acajou, de teinture, d'ébénisterie, de construction, le pin jaune pour la mâture des navires, etc. — Il existe, dans les immenses forêts du Honduras, des carrières de marbre supérieur, des mines très-riches d'argent, d'or, d'opale, de cuivre, de fer, des gisements de charbon de terre, etc... Le défaut d'argent et aussi le manque de bras et de voies de communication intérieures ont empêché, jusqu'à ce jour, d'exploiter toutes ces richesses.

Le pays est propre à la fois aux productions de la zone tempérée et à celles de la zone torride.

Quant au mouvement commercial intérieur, nous estimons que, annuellement, la République ne fournirait pas au chemin de fer, un aliment inférieur à 100,000 tonnes, tandis que le chemin de Panama n'en transporte pas 10,000 par an, dans les mêmes conditions.

Cependant, les bénéfices offerts, chaque année, par la Compagnie de Panama à ses actionnaires dépassent 30 0/0 ;

il est donc plus que probable que celle du Honduras, qui présente sur la première des avantages réels, donnera pour le moins autant.

Ces avantages consistent dans la beauté, la sécurité et la salubrité de ses deux ports qui sont sans rivaux dans les Amériques septentrionale et méridionale, et dans l'économie de temps et d'argent réalisée pour se rendre d'Europe ou des États-Unis dans l'Amérique centrale, le Mexique, la Californie, les possessions de l'Océanie, le Japon, la Chine, la Cochinchine, Sidney et la mer de l'Inde. D'après les calculs de M. Squier, relativement aux trajets précités, on gagnerait, en effet, 6 jours à prendre cette voie au lieu de celle de Panama ; la différence en moins pour le passage et le frêt serait de 250 à 350 fr. par passager, suivant la distance à parcourir, et de 60 à 80 fr. par tonne de fret, les autres conditions restant d'ailleurs égales.

Le chemin de fer de Panama aboutit sur l'Atlantique, au port de Colon, qui laisse beaucoup à désirer sous plusieurs rapports. D'abord, il est ouvert au vent du nord, et il arrive fréquemment que des navires y sont jetés à la côte ; son climat est très-malsain. Celui de Panama est salubre, mais très-chaud et le port manque d'eau pour les grands et moyens navires ; il en résulte que les bateaux à vapeur sont obligés de mouiller aux îles de Flamenco et Taboga, situées, la première à 5 kilomètres environ de l'embarcadère, et la deuxième à 25 kilomètres. De là, la nécessité de transborder passagers et marchandises sur d'autres navires d'un très-faible tirant d'eau et d'attendre le moment de la pleine mer pour débarquer. Lors de l'embarquement, les mêmes difficultés se reproduisent et causent une perte de temps appréciable et souvent même des avaries, quand la mer est agitée.

Malgré tous ces graves inconvénients qu'offre le chemin de Panama, malgré les frais exorbitants qui pèsent sur la marchandise et les passagers, le commerce, faute de mieux, s'est emparé de cette voie avec une ardeur telle, qu'aujourd'hui le chemin de fer ne suffit plus aux besoins présents ; on est obligé de s'inscrire à l'avance pour faire passer les marchandises, ce qui constitue un grave inconvénient dans les transactions commerciales.

En effet, celui qui arrive le premier sur un marché a plus de chances de réaliser, sur son opération, des bénéfices considérables que celui qui se présente plus tard avec la même marchandise. En outre, il peut renouveler plus promptement ses expéditions, en raison de la mobilisation de ses capitaux ; c'est en cela que consiste le bénéfice du négociant.

D'après ce qui précède, on reconnaîtra qu'il y a urgence, pour le commerce universel, d'établir une nouvelle voie à travers l'isthme de l'Amérique centrale et que le chemin de fer projeté sur le territoire de la république du Honduras réunit, à tous égards, les meilleures conditions.

En effet, le chemin peut être établi d'un océan à l'autre, sans tunnel, et sur des pentes bien moins sensibles que la plupart de celles des chemins de fer d'Europe et d'Amérique. Le traité pour la construction de la voie, passé à forfait avec MM. Waring et Candish de Londres, à raison de 125,000 fr. le kilomètre, en est la preuve.

Eu égard à ces avantages exceptionnels, le gouvernement du Honduras a décidé de faire appel à tous les gouvernements d'Europe pour contracter un emprunt de 75,000,000 de francs.

Cette somme est destinée à subvenir aux frais des travaux de construction, à l'achat du matériel, au paiement des intérêts et primes accordés aux actionnaires. Les entrepreneurs demandent trois ans pour terminer le chemin et le livrer à la circulation.

La république du Honduras présente des garanties assez sérieuses, pour qu'on puisse annoncer avec certitude que ce capital sera remboursé en 17 ans, et par annuités, à partir du jour de l'inauguration de la ligne.

Ces garanties sont, d'abord et avant tout, le chemin de fer lui-même et les bénéfices qu'il peut réaliser; les domaines et forêts de l'État évalués à des sommes considérables; le produit de la coupe des bois d'acajou, de teinture, d'ébénisterie et de construction que le gouvernement exploitera lui-même au profit des actionnaires; les revenus de la culture du tabac qui croît abondamment dans tout le pays; enfin le rendement des carrières et des mines, dont quelques-unes sont connues pour leur richesse.

Avec de telles ressources, le Honduras se libérera en 17 ans, alors même que la ligne projetée ne ferait, pendant les deux ou trois premières années, que la moitié des recettes de celle de Panama.

Celle-ci, en 1854, alors qu'elle n'était qu'à moitié construite, rapportait déjà fr. 3,363,074 20 nets; l'année suivante, du 1er janvier au 30 juin, c'est-à-dire en six mois, les recettes nettes se sont élevées à fr. 2,009,306 50, et la totalité de la ligne n'avait été livrée au public qu'au mois de mars.

Dans un rapport du mois d'août de la même année, le revenu de 1856 est évalué, par les administrateurs, de la manière suivante:

```
40,000 passagers à 25 dollars.  . . . .   ℒ 1,000,000
50 millions de dollars en or,  1/4 °/₀.  . .  ℒ 125,000
10     —        —      argent, 3/8 °/₀.  ℒ 37,000
Malles américaines et anglaises.  . . . .  ℒ 150,000
1,000 tonnes de fret par express.  . . . .  ℒ 200,000
55,000     —      ordinaire à 33 dol.  ℒ 1,815,000
10,000 tonnes de charbon à 5 dollars.  .   ℒ 50,000
```

Total des recettes brutes . . . ℒ 3,377,000
A déduire les dépenses évaluées à. . . . ℒ 350,000

Produit net. . . ℒ 3,027,000

A raison de fr. 5,25 le dollar, réduit en
  francs, donnent . . . . fr. 16,194,445

Cette estimation ne repose que sur les 5/13 des passagers, sur la moitié environ du numéraire et sur 2/3 °/₀ du fret qui passe annuellement de l'Atlantique au Pacifique, *et vice-versa;* ce qu'on ne fait pas entrer en ligne de compte, dans ce calcul, a bien aussi sa valeur et rapporte à la compagnie de beaux dividendes.

Depuis 1856, les recettes ont plus que doublé, le trafic ayant augmenté progressivement à tel point, que les actionnaires ont reçu, en 1866, fr. 26,000,000, suivant les données officieuses qui nous ont été transmises et que nous croyons exactes.

Le mouvement maritime a été, pendant l'année 1866, de 915 navires, jaugeant ensemble 850,000 tonnes, dont 592 navires à voile et 323 à vapeur.

Le mouvement d'affaires est devenu tellement considérable, que les actionnaires du chemin ont décidé l'établissement d'une deuxième voie et la construction d'une jetée sur le Pacifique, afin de permettre aux grands bâtiments d'y aborder à quai. Cette dépense s'élèverait environ à fr. 25,000,000.

On calcule maintenant que le transit annuel est de 200,000 passagers à 25 dollars chacun, ce qui fait . . . . ₱ 5,000,000
Marchandises, 100,000 tonnes à ₱ 20. . . . ₱ 2,000,000
Or en poudre et lingots, 100,000,000 à 1/4 °/₀   ₱ 250,000
Argent monnayé et en barres, ₱ 20,000,000
    à 3/8 °/₀ . . . .   ₱ 75,000
Marchandises par grande vitesse et bagages,
    1,000 tonneaux à ₱ 100. . . . .   ₱ 100,000

Total général. . . . . . ₱ 7,425,000

Chaque dollar vaut fr. 5,25, soit . . . . . fr. 38,981,250

Les actions dudit chemin ont acquis une telle valeur qu'émises dans le principe à ₱ 100, elles se négocient aujourd'hui à ₱ 500, et on n'en trouve point.

Les propriétaires du chemin paient au gouvernement de Bogota une annuité de ₱ 400,000, et au gouvernement de Panama, une annuité de ₱ 10,000. Ces annuités sont en sus du prix d'achat et ont été décidées afin de porter à 90 ans la durée de la concession qui n'était d'abord fixée qu'à 20 ans.

La construction du chemin de fer du Honduras a, selon nous, une importance capitale au point de vue politique, comme au point de vue commercial. Il est appelé à rendre à la civilisation et à l'humanité des services tels, que nous croyons être dans le vrai, en plaçant l'entreprise au rang des plus belles du xixᵉ siècle. La position géographique et topographique de l'Amérique centrale en général et du Honduras en particulier, nous donne la conviction que ce pays est destiné à devenir le trait d'union entre l'Europe et l'extrême Orient. Nos lecteurs n'ont qu'à consulter la carte pour se convaincre de la vérité de nos assertions.

Le maréchal Medina, président de la république du Honduras, sacrifiant tout à son patriotisme, a eu le courage d'affronter toutes les rivalités, toutes les mesquines ambitions, et de poursuivre un projet aussi louable que désintéressé, celui de développer la fortune publique de son pays en le dotant de voies de communication qui lui permettent d'exporter toutes les richesses naturelles qu'il produit.

Dès son avénement à la Présidence, il donna à ses agents à l'Étranger, plein pouvoir de contracter un emprunt à cet effet. Ses vues ont été remplies, grâce au concours de maisons de banque qui ont su apprécier l'importance de l'affaire, et qui se sont dévouées pour venir en aide à un petit État, riche d'avenir et destiné à être un jour l'entrepôt du commerce des deux hémisphères.

Les trois plus grandes puissances maritimes du monde, ayant également compris les avantages qui devaient résulter de cette entreprise, se sont empressées de reconnaître l'indépendance et la souveraineté de la république du Honduras et de garantir la parfaite neutralité du chemin de fer, par un article additionnel au traité de paix, commerce et navigation conclu entre le Honduras, la France, l'Angleterre et les États-Unis de l'Amérique du Nord ; cet article additionnel a été signé et ratifié par les hautes parties contractantes.

En effet, le grand développement, que prend chaque jour le commerce européen avec les États de la mer du Sud, demande impérieusement d'autres moyens de transit que celui qui existe par Panama ; la prévoyante sagesse des nations maritimes en reconnaît la nécessité impérieuse.

Cependant, quelques avantages que présente la voie par le Honduras, la ligne de Panama ne sera pas pour cela complétement déshéritée. Le trafic de la côte méridionale, depuis San-Buenaventura jusqu'à Valparaiso, continuera à s'effectuer, en grande partie, par son intermédiaire, surtout en ce qui concerne la navigation à vapeur. Il n'en sera pas de même de la navigation à la voile : en effet, les navires à voiles, partant de Panama à destination de Guayaquil, Payta, Callao ou Valparaiso, etc., sont obligés de faire route vers l'Ouest-Nord-Ouest, jusqu'au 10° ou 11° degré de latitude Nord et au 94° environ de longitude Ouest, avant de mettre le cap vers l'équateur ; car, autrement, ils risqueraient de rester des mois entiers sur la côte du Choco, par suite des calmes plats ou des vents contraires fréquents dans ces parages.

Nous estimons donc que, sur deux navires à voiles, placés dans les mêmes conditions et partant en même temps, l'un de Panama, l'autre du golfe de Fonséca, pour Valparaiso, le dernier arriverait à destination 20 jours avant l'autre.

Nonobstant cet avantage marqué, le transit par Panama conservera de l'importance ; la loi de la concurrence le veut ainsi. Pour nous convaincre de cette vérité, nous n'avons qu'à examiner rapidement les effets produits par les nouvelles découvertes, et nous constaterons que l'imprimerie n'a pas tué l'industrie des copistes, pas plus que l'invention des machines n'a nui à la main-d'œuvre, ni que les chemins de fer n'ont fait disparaître les transports ordinaires par les routes et par les canaux. Or, d'après ce que nous voyons, il est incontestable que, plus la concurrence se multiplie, plus l'intelligence de l'homme travaille pour lutter avec avantage contre cette concurrence, et plus le bien-être général s'accroît ; c'est là, selon nous, le véritable principe de la liberté bien entendue, car elle profite à tout le monde.

Le produit de l'emprunt est exclusivement destiné à la construction du chemin de fer, et, afin de sauvegarder les intérêts des actionnaires, le gouvernement du Honduras a consenti à ce que des commissaires spéciaux fussent nommés pour surveiller et administrer l'emploi des fonds, encaisser les recettes, payer les intérêts et amortir la dette sous la surveillance des agents du Gouvernement.

Maintenant que nous avons développé les avantages qui nous semblent militer en faveur du chemin de fer du Honduras, il nous paraît urgent d'aborder la question de garantie pour les capitaux qui vont s'engager dans cette entreprise.

Nous avons dit plus haut que le gouvernement du Honduras offrait, entre autres hypothèques, les domaines de l'État. Ces domaines se composent, au minimum, de 3,000,000 d'hectares de terrain, dont 2,000,000 en forêts vierges, garnies d'arbres de haute futaie et d'essences diverses propres à l'ébénisterie, à la construction, à la teinture, telles que l'acajou, le palissandre, le bois de rose, le cèdre odoriférant, le caoutchouc, le chêne, le pin jaune pour mâture de navire, etc., etc.

Tâchons de faire le calcul approximatif de la valeur de ces forêts, prenons seulement l'acajou : admettons que chaque hectare en possède un seul pied en état d'être exploité ; nous en trouvons 2,000,000 ; or, il est constant que chaque arbre rend, en moyenne, 4 tonneaux de bois propre à l'exportation. Chaque tonneau vaut, en moyenne, en France, en Angleterre, aux États-Unis et en Allemagne, fr. 200. Il faut en déduire le fret qui est de 50 à 60 fr. par tonneau, plus la

2

main-d'œuvre et la mise à bord, soit fr. 25, les assurances, commission de vente, etc., etc., soit 15 fr. Total, fr. 90. Il reste, par conséquent, une somme nette de fr. 110 par tonneau pour les créanciers, soit sur 8,000,000 de tonnes, fr. 880,000,000. Qu'on réduise ce qu'on voudra, on trouvera toujours un beau chiffre pour un seul produit naturel qui ne forme certainement pas le 1/4 de la valeur de ceux des domaines de la République.

Voilà l'exposé succinct des faits, que nous donnons sans commentaires, afin de laisser à chacun de nos lecteurs son entière liberté d'appréciation.

Nous joignons à notre travail un tracé comparatif des deux chemins de fer du Honduras et de Panama, que nous devons à l'obligeance de M. Henri de Suckau, membre de la Société de géographie de Paris. Nous y joignons également les rapports d'hommes compétents ayant étudié la question sur les lieux.

RAPPORTS

Rapport sur le chemin de fer interocéanique
du Honduras.

A MM. Bischoffsheim et Goldschmidt, banquiers.

MESSIEURS,

Mr. Mercer et Mr. Mc Candlish sont revenus du Honduras,
où ils étaient allés avec mission de parcourir et étudier la
ligne du Chemin de fer projeté, ainsi que les forêts d'acajou.

Ils rapportent des documents qu'ils ont recueillis avec le
concours de Mr. Emerson, ingénieur, chargé d'explorer les
mines. Je suis donc aujourd'hui à même de me rendre au
désir que vous m'avez exprimé, l'année dernière, de vous
faire un rapport général sur les Ports, le Chemin de fer, les
Forêts et les Mines du Honduras.

PORTS.

Rien que l'examen des cartes m'autorise à dire qu'il y a
d'excellents ports à chaque extrémité de la ligne, et les
études faites par Mr. Mercer confirment mon opinion. Mr. Mercer
dit que Port Cortez sur l'Atlantique et Fonseca sur le Pacifique sont des ports excellents. Tous les deux sont d'un abord

facile et bien protégés ; ils offrent une profondeur très-suffisante et sont munis de quais qui peuvent être restaurés et étendus à peu de frais.

CHEMIN DE FER.

Le Chemin de fer projeté a une longueur de 240 milles, et doit être établi sur une seule voie, avec des voies d'évitement en quantité suffisante. La pente la plus forte sera de 1 sur 40.

La ligne part de Port Cortez sur l'Atlantique, et, à 36 milles de là, elle atteint San-Pedro, où se sont déjà établis un nombre considérable d'émigrants venant des Etats du Sud de l'Amérique. Beaucoup d'autres émigrants n'attendent que le jour où la construction du Chemin de fer sera assurée, pour venir se fixer en masse dans le Honduras. La ligne parcourt ensuite la vallée que forme la rivière Humuya jusqu'à la ville centrale et importante de Comayagua, d'où elle atteint le sommet de Rancho-Chiquito. De là elle descend la vallée de la rivière Guascoran, pour aboutir à la baie de Fonseca sur le Pacifique.

Mr. Mercer dit que ce pays est très-propre à la culture du sucre, de l'indigo, du café, du cacao, du riz, etc., et il ne met pas en doute qu'aussitôt après l'ouverture de la première section de la ligne jusqu'à Santiago, les recettes brutes (tant en marchandises qu'en voyageurs) ne suffisent au paiement d'une partie considérable des intérêts de l'emprunt.

PLANS ET SECTIONS.

Mr. Mercer a pris pour base de ses estimations les plans,

sections et rapports de Mr. Tantwine et de Mr. Wright, mais, comme ces derniers n'ont fait que des études préliminaires, il trouve que les travaux pourraient être de beaucoup diminués en choisissant avec soin la direction de la ligne. Mr. Mercer est entré dans des détails complets sur les différentes sections de cette ligne, et je suis d'avis qu'il est fondé à dire que les terrassements sur toute sa longueur peuvent être réduits de 50 p. 100.

Le nombre des tunnels, des ponts, etc., sera en général considérablement diminué, si l'on a recours à des pentes et à des courbes plus fortes.

Le prix de transport des rails, y compris l'assurance, etc., sera de 35 à 40 schillings par tonne jusqu'à Port-Cortez, et de 60 à 70 schillings par tonne jusqu'à la baie de Fonseca. On peut se procurer des traverses soit en pin, soit en bois dur du pays, dans le voisinage immédiat du chemin de fer à un prix très-raisonnable. Le ballast est abondant tout le long de la ligne dans les lits des rivières et dans les ruisseaux traversés par la voie, de sorte qu'on n'aura pas besoin de le porter à une grande distance. Comme il y a peu de routes propres aux charrettes et comme une partie des matériaux destinés à la construction du Chemin de fer devra être transportée à dos de mulet, une marge considérable a été laissée dans les estimations faites à ce sujet. Quant aux stations, quais et autres travaux mentionnés à l'article 13 du Cahier des Charges, j'en ai évalué la dépense à £100,000.

Il paraît que les ouvriers sont peu nombreux dans le pays même, mais il est facile d'y faire venir des nègres des États du Sud, en payant d'avance leurs frais de voyage, et il y a tout lieu de croire que ces nègres, habitués déjà à la construction des Chemins de fer aux États-Unis, fourniront une main-d'œuvre supérieure à celle des indigènes du Honduras.

On trouve, sur tout le parcours de la ligne, de la pierre propre à bâtir ainsi que de la pierre à chaux.

En beaucoup d'endroits on fait d'excellentes briques, qui pourraient être facilement amenées sur plusieurs points de la ligne. L'estimation suivante du prix de construction est basée sur des calculs revus par Mr. Mercer.

ESTIMATION.

Déboisement tracé de la voie	£10,000
Terrassements.	638,862
Tunnels.	43,500
Murs d'appui.	50,000
Ponts.	120,000
Ponceaux, fossés, drainage, etc.	£150,000
Voie et Ballast.	440,400
Passages à niveau et clôture.	2,400
Télégraphe.	12,000
Stations, gares d'évitement, ateliers.	100,000
Matériel roulant.	96,850
Matériel fixe et frais généraux.	50,000
	1,714,012
Frais extraordinaires et imprévus, 10 °/₀	176,401
Total.	£1,885,413

c'est-à-dire £7,856 par mille, soit 122,000 francs environ par kilomètre.

La somme ci-dessus doit, à mon avis, suffire aux travaux à exécuter.

FORÊTS D'ACAJOU.

Les arbres d'acajou ne manquent pas, dit-on, au Sud-Est et à l'Ouest du Lac Yojoa ; mais, comme la rivière blanche, qui relie le lac à la rivière Uloa, disparaît sous terre sur une étendue de plus de 1,600 mètres, et qu'en outre elle n'est pas flottable par suite des chutes d'eau qui embarrassent son cours, le transport de ces bois est à peu près impossible. D'un autre côté, ils ne sont pas assez abondants pour justifier l'établissement d'un chemin de fer spécial.

Mr. Mercer s'est occupé ensuite des vallées situées plus bas. Il dit en parlant d'elles : « On ne peut douter qu'il n'y « ait beaucoup d'acajou et d'autre bois d'une grande valeur « dans les vallées des différentes rivières qui tombent dans « l'Atlantique. Ces arbres pourraient être coupés et flottés « sur ces rivières vers la mer, à un prix modéré ; mais, en « raison de l'étendue du pays où sont situées ces forêts, il « faudrait quelque temps pour organiser un système de « main-d'œuvre et de surveillance, de façon à expédier ré- « gulièrement, à un taux rémunérateur, des cargaisons d'a- « cajou. En confiant, au contraire, l'exploitation de ces « forêts au Gouvernement, qui procurerait aisément, et à bas « prix, la main-d'œuvre désirable, et qui possède en outre, « par ses nombreux employés, un état-major complet de « surveillance, je suis certain qu'on pourrait compter sur « des envois réguliers d'une très-grande quantité de bois « précieux. Ces envois seraient ensuite considérablement « augmentés par l'emploi de moyens de transport perfec- « tionnés, tels que camions et chemins de fer américains. Le

« système, dont on se sert actuellement pour amener le bois
« à la rivière, est tout à fait primitif, et par conséquent
« une exploitation qui pourrait être étendue avec avantage,
« se trouve limitée au voisinage des rivières. »

Mr. Emerson a examiné plusieurs mines dans les environs
d'Aramecina. Après en avoir donné la description ainsi que
le résultat de ses expériences, et expliqué l'outillage indispensable à l'exploitation de ces mines, il dit : « J'ai la plus
« haute opinion de la production minière de ce pays, et je
« suis persuadé que six ou sept mines au moins pourraient
« être exploitées d'une manière régulière, et donneraient
« les résultats les plus satisfaisants. »

Le capital indispensable à l'exploitation de ces mines est
évalué à ₤ 20,000 (fr. 500,000), plus ₤ 5,000 (fr. 125,000),
pour machines et travaux nécessaires au broiement du mi-
nerai.

OBSERVATIONS GÉNÉRALES.

J'ai la certitude, en présence du soin avec lequel les mines
et les forêts ont été explorées, que leurs produits suffiront
amplement à assurer le paiement régulier des intérêts de
l'emprunt actuel de ₤ 1,000,000 (fr. 25,000,000), sans
faire entrer en ligne de compte les recettes de la première
section du Chemin de fer. Ces recettes seront importantes,
surtout lorsque le nombre des colons aura augmenté, ce qui
ne peut manquer d'arriver, dès que l'on saura que les travaux
du Chemin de fer ont été commencés.

Je suis aussi d'avis que les produits des mines, de l'acajou
et autres bois précieux sont susceptibles d'un accroissement
tel que les intérêts d'un emprunt à contracter ultérieure-

ment pour l'achèvement de tout le réseau du Chemin de fer seraient parfaitement garantis.

Je suis heureux de constater que **Mr.** Mc Candlish (dans l'opinion duquel j'ai la plus grande confiance) s'est formé dans la question une opinion personnelle en parcourant lui-même tout le pays avec MM. Emerson et Mercer, et que ses rapports et devis concordent avec ceux de ces messieurs.

Je vois aussi avec plaisir que le contrat d'emprunt passé entre le Gouvernement et votre maison, ainsi que le traité passé entre le Gouvernement et Mr. Mc Candlish pour l'entreprise des travaux, ont été ratifiés par vote de la Chambre, et que de plus l'État réserve pour les participants à l'emprunt toutes les mines qui n'appartiennent pas à des particuliers.

J'ai l'honneur d'être,

Messieurs,

Votre tout dévoué,

James Brunlees.

Extrait du Rapport du capitaine Robert Fitzroy, de la marine royale anglaise, au comte de Clarendon, sur le projet d'établissement d'un chemin de fer inter-océanique à travers le Honduras.

Ce rapport a été, sous forme de memorandum, soumis au comte de Clarendon par l'honorable William Brown, représentant la ville de Liverpool au Parlement.

Le caractère général des diverses lignes proposées jusqu'à présent pour l'établissement, soit de chemins de fer soit de canaux, est aujourd'hui parfaitement connu ; il nous paraît donc suffisant de les récapituler brièvement, avant de passer aux détails relatifs au chemin de fer proposé à travers l'Etat de Honduras.

Pour les voies ferrées, cinq lignes ont été proposées, dont une, celle de Panama, est exécutée.

1° *La ligne mexicaine*. Entre le golfe du Mexique et Tehuantepec ; manque de bons ports et n'est pas dans la direction voulue pour relier entre eux les deux océans.

2° *La ligne du Nicaragua*. Ports également défectueux, indépendamment d'autres objections.

3° *La ligne de Chiriqui et Dulce*. A de bons ports et semble avantageuse, mais n'a pas encore été soigneusement étudiée.

4° *La route de Panama*. C'est la puis courte traversée, la contrée la plus basse et la mieux située, mais ses ports sont insuffisants.

5° *La ligne du Darien*. Entre deux bons ports distants de

moins de 40 milles l'un de l'autre, mais ayant à escalader des hauteurs d'environ 900 pieds au-dessus de la mer.

On a songé aussi à creuser un canal entre la grande rivière Atrato et le Pacifique, mais un pareil travail exigerait un temps très-long.

Chacun de ces projets a eu et a encore de très-sérieux avocats, et l'un d'eux, celui de Panama, a été exécuté de manière à donner, tout récemment, à ses actionnaires un dividende de plus de 10 p. 100 sur le capital souscrit.

L'entreprise d'un chemin de fer à travers le Honduras, sur laquelle M. Brown, membre du Parlement pour le Lancastre, vient d'attirer l'attention publique, offre des avantages frappants, évidents, quoique à peine mentionnés jusqu'ici.

Les plans très-complets, tant de la ligne entière que des ports excellents entre lesquels elle est située, ont été exécutés admirablement. Toutes les conditions qui concourent à faciliter l'établissement du chemin de fer sont donc connues ; quant aux difficultés, elles se résument à deux : 1° la grande élévation du point culminant du tracé qui est de 2,200 pieds ; 2° la longueur de la ligne qui est de 160 milles ; ces deux difficultés sont loin d'être insurmontables, et il ne s'agit que d'être fixé sur les moyens à employer pour les vaincre.

Avant de rechercher ces moyens, il est utile de jeter un coup d'œil sur la situation du Honduras, tant au point de vue géographique qu'au point de vue politique, deux considérations auxquelles sont subordonnées toutes les autres.

En regardant la carte, il est facile de se convaincre que le Honduras est aussi favorablement placé qu'aucune autre partie du grand isthme pour les communications avec l'Europe, l'Amérique du Nord et du Sud, la Chine, l'Inde et l'Australie, tandis que l'excellence de ses deux ports, à l'abord facile et sûr, lui donne sur elles une supériorité incontestable. La ligne projetée est entièrement comprise dans un seul et même État qui a délivré, il y a 70 ans, une charte dont les clauses sont très-favorables à l'entreprise.

Au point de vue spécial des communications avec l'Europe, on doit faire remarquer qu'un service de paquebots, traversant l'archipel des Indes occidentales et passant à la Jamaïque, trouverait un bon port de débarquement à Port-Caballos, dans la baie de Honduras où aboutira l'extrémité nord de la voie ferrée ; sur l'autre versant, la baie de Fonseca, située dans la région des vents constants, est parfaitement placée pour servir de point de relâche dans un trajet direct à travers le Pacifique, soit vers la Chine, soit vers l'Australie. Enfin le climat, les productions, la population du Honduras, offrent plus d'avantages que n'importe quel autre point de l'isthme pour l'établissement d'une voie de communication inter-océanique.

Revenons maintenant à la longueur de la ligne et à l'élévation qu'elle devrait atteindre en certains points.

Examinons :

1° *La longueur.* — Elle serait, il est vrai, de 160 milles pour le chemin de fer du Honduras, tandis que celui de Panama n'en compte que 40 ; mais cette cause apparente d'infériorité disparaît, lorsque l'on compare aussi bien les frais de premier établissement et d'exploitation que les divers avantages des deux lignes.

Sur le chemin de Panama, à cause de la nature même du sol et des grands travaux de consolidation qu'il a nécessités et qu'il nécessite encore, les frais de premier établissement et d'entretien ont été et sont considérables.

Dans le Honduras, au contraire, pour des raisons tout opposées, la construction et l'exploitation de la ligne seront relativement, malgré la différence de longueur, moins dispendieuses.

A Panama, c'est de ports très-éloignés qu'il faut amener le combustible, tandis qu'il abonde dans la baie de Fonseca. Une dernière considération qui a aussi son importance; les pluies sont bien plus fréquentes dans l'est de l'isthme de Panama que dans le Honduras où le climat permet de cultiver, sur les parties élevées, les arbres et les fruits d'Europe.

2° *L'élévation.* — Au premier abord, elle peut donner des inquiétudes; mais il ne faut pas oublier que la plus forte pente est de 1 sur 88, et cela, seulement sur une très-petite étendue, dans une contrée où la glace et la neige sont inconnues; il existe sur plusieurs lignes d'Europe et d'Amérique des pentes beaucoup plus fortes, et en somme celles du Honduras sont remarquablement aisées. De plus, la situation du pays est très-favorable, la ligne courant dans le sens des vallées, près des rivières, sans qu'il y ait à pratiquer de passage qui soit vraiment de quelque importance; à cet égard, ce sera donc une ligne à *bon marché*.

A ces avantages, il faut ajouter que tous les matériaux nécessaires à la construction se trouvent à proximité de la voie, de même que les ouvriers qui devront y être employés.

L'auteur rappelle ensuite une brochure publiée par lui sous le titre de *Considérations on the Isthmus of Central-America in 1851 and 1853*, dans laquelle passant en revue toutes les routes qui traversent l'Amérique Centrale, il arrive à cette conclusion que la ligne récemment proposée à travers le Honduras présente, à ses yeux, des avantages beaucoup plus considérables que n'en peut offrir toute autre ligne ferrée à travers l'isthme.

Il n'est pas d'une minime importance que cette route du Honduras se trouve patronnée par une autorité aussi compétente et aussi pratique que celle de M. Squier, qui, étant sur les lieux en qualité de chargé d'affaires des Etats-Unis près des républiques de l'Amérique centrale, s'est trouvé dans la meilleure situation pour recueillir toutes les informations sur ce sujet. Les connaissances qu'il a acquises de cette manière ont engagé M. Squier à se procurer un plan exact d'une ligne traversant le Honduras et il est maintenant si satisfait du résultat obtenu qu'il consacre tout son temps et toutes ses ressources à faire avancer cette grande entreprise. — M. Kelley, citoyen des États-Unis, actuellement à Londres, qui a fait exécuter à ses frais (£ 12,000) le plan d'une partie de l'isthme dans le but d'entreprendre un canal maritime, m'informe que la ligne du Honduras est maintenant considérée par les Américains comme devant probablement devenir plus rémunérative que la ligne de Panama elle-même.

Signé : Rob. Fitz-Roy.

Ministère du commerce. Londres, 13 mai 1856.

Londres, le 8 août 1856.

*Monsieur le D*r *Scherzer, à Vienne.*

MONSIEUR,

Je prends la liberté de vous adresser cette lettre pour vous prier de me communiquer tous les renseignements que vous avez pu recueillir sur le Honduras pendant le long séjour que vous y avez fait. Représentant cet État comme ministre plénipotentiaire en France et en Angleterre, je serais désireux de satisfaire d'une manière convenable aux nombreuses demandes qui me sont adressées sur ce pays, mais je ne puis le faire comme il faut sans m'appuyer sur l'opinion d'un savant tel que vous. Je viens, en conséquence, monsieur, vous prier d'avoir la bonté de me faire connaître votre appréciation sur les questions suivantes :

1° Y a-t-il possibilité d'établir un chemin de fer à travers le territoire du Honduras, depuis Port-Caballos, sur l'Atlantique, jusqu'au golfe de Fonseca, sur le Pacifique?

2° Les ports formant les extrémités de cette ligne présentent-ils les conditions nécessaires à la réalisation de cette vaste entreprise?

3° Les ressources matérielles du pays sont-elles susceptibles de faciliter l'établissement du chemin de fer et donnent-elles lieu d'espérer des avantages réels pour les capitalistes qui engageraient des fonds dans l'affaire?

4° Le climat est-il salubre, et les terres produisent-elles

en abondance les denrées des tropiques et de la zone tempérée?

5° Les positions géographique et topographique de la République sont-elles, selon vous, les plus convenables de l'Amérique centrale pour mettre à exécution la ligne projetée?

6° Doit-on s'attendre à ce que la réalisation d'un pareil projet donne un développement considérable au commerce et à l'industrie du monde entier?

Je vous serai très-obligé, monsieur, de m'honorer d'une prompte réponse et de m'autoriser à la publier.

Veuillez agréer, monsieur, avec mes remercîments anticipés, l'assurance, etc.

Signé : V. HERRAN.

Vienne, le 17 août 1856.

Monsieur Herran, ministre du Honduras.

MONSIEUR,

Vous m'avez fait l'honneur de me demander, dans votre lettre du 8 courant, quelques renseignements concernant la République du Honduras, que j'ai examinée et parcourue dans tous les sens pendant les voyages que j'ai faits dans l'Amérique centrale, sous les auspices de l'Académie impériale et royale de Vienne; je m'empresse de satisfaire, de mon mieux, à vos désirs par les lignes suivantes :

La question principale que vous m'avez posée est relative à la possibilité de construire, sur le territoire du Honduras, un chemin de fer partant de Puerto-Caballos, sur l'Atlantique, et aboutissant au golfe de Fonseca, sur le Pacifique?

En réponse à cette question, je suis heureux de vous faire connaître qu'ayant visité la plus grande partie du pays, que le tracé du chemin de fer projeté doit traverser, j'ai acquis la conviction que l'exécution de cette ligne ne rencontrera aucun obstacle invincible; elle présentera même beaucoup moins de difficultés qu'on ne le suppose : en jetant un premier coup d'œil sur la carte du Honduras et sur le système montagneux du pays, le voyageur qui traverse cette contrée et qui l'envisage de près aura bientôt acquis la certitude que les vallées immenses de la rivière Ulua (se jetant dans l'Atlantique) et de la rivière du Goascoran (coulant dans le Pacifi-

3

que) offrent toute facilité pour l'exécution du chemin de fer projeté, et que la ligne, d'une longueur de 210 milles anglais, ne s'élève sur aucun point à plus de 2,400 pieds au-dessus du Pacifique. Les savantes études qui ont été publiées à ce sujet par M. Squier, ancien chargé d'affaires des États-Unis auprès du gouvernement de l'Amérique centrale et que vous connaissez sans doute, ainsi que le rapport fait récemment par le célèbre capitaine Robert Fistz-Roy au ministère des affaires étrangères à Londres, me dispensent d'entrer ici dans de plus amples détails, et je me bornerai à vous dire que pendant mon voyage j'ai eu plusieurs fois l'occasion de vérifier l'exactitude des travaux ci-dessus mentionnés.

Du Mexique à la Nouvelle-Grenade, il n'y a pas un point dont la position géographique soit plus favorable à la construction d'un chemin de fer que l'isthme de Honduras, tant pour le passage des voyageurs que pour le transport des marchandises et des lettres entre la Californie et les immenses territoires de l'Asie occidentale.

Les ports qui formeront les points de départ de cette voie ferrée réunissent toutes les conditions favorables à la réalisation de cette grande entreprise, principalement celui de Fonseca, sur le Pacifique, qui peut être considéré comme le plus vaste et le plus sûr de toute la côte occidentale. Toutes les flottes marchandes du monde peuvent se réunir dans ce vaste bassin, et y échanger les richessss naturelles des tropiques contre les produits manufacturiers de la civilisation européenne.

Les nombreuses ressources matérielles du Honduras contribuent à faciliter l'établissement du chemin de fer; des forêts qui s'étendent à perte de vue fournissent en abondance le bois nécessaire à la construction de la voie; des rivières navigables, pendant la saison des pluies, sur des parcours considérables, servent au transport du matériel et des produits du sol. Mais ce qui donne encore plus d'importance aux plateaux du Honduras, c'est, à part leur fertilité et leur printemps perpétuel, *la salubrité de leur climat*, qui permet aux colons du Nord de les cultiver sans exposer leur santé.

J'ai visité la plus grande partie de l'Amérique du Nord, depuis le Canada et le lac Supérieur jusqu'à la Louisiane, et je n'ai rencontré aucun territoire qui, à une hauteur de 3,000 pieds au-dessus du niveau de la mer, offrît à l'agriculteur les mêmes avantages que les plateaux de l'Amérique centrale. Des observations météorologiques, que j'ai faites pendant deux ans dans les différentes parties du pays et dont je me propose de publier les résultats prochainement, il résulte que, sur les hauteurs de 3,000 pieds, le thermomètre de Fahrenheit n'est tombé que très-rarement au-dessous de 60°, et ne s'est élevé guère au-dessus de 82°; la température moyenne est donc de 69 à 75° Fahrenheit.

Le sol du Honduras est, à peu d'exceptions près, d'une telle fertilité que, sans avoir besoin d'être engraissé, il donne de deux à trois récoltes par an. Les produits de la zone torride, le café, la canne à sucre, le cacao, le coton, le tabac, le riz, le bananier, le maïs, la zuca, la yanc, la patate, etc., y viennent en abondance. On peut y cultiver avec le même succès le blé, l'orge, l'avoine, le seigle et toutes sortes de fruits et de plantes nutritives d'Europe. Un climat délicieux permet à l'émigrant de travailler toute l'année, et, avec moins d'efforts, de gagner dix fois plus que dans nos contrées. Dans plusieurs endroits de l'Etat, on rencontre des mines d'argent, d'or, de plomb, de cuivre et même de fer qui ne sont pas exploitées, faute d'argent et d'ouvriers capables.

Les plateaux du Honduras, ainsi que ceux de l'Amérique centrale en général, nous fournissent la preuve que la société peut jouir des différents produits des tropiques devenus si indispensables à la civilisation, comme, par exemple, le coton, le sucre, le café, sans être obligés de recourir à l'abominable institution de l'esclavage ; en effet, tous ces produits peuvent être cultivés par des hommes libres, par des colons européens, sans le moindre inconvénient pour leur santé et sans le moindre risque pour leur vie.

Je m'étendrais trop loin, si je voulais énumérer les nombreux avantages que les capitaux engagés, que l'émigration, que l'industrie, le commerce et même les sciences pourraient tirer de ces admirables territoires de l'isthme, en les ouvrant, par le moyen d'un chemin de fer, au concours universel. En offrant ces plateaux pittoresques et fertiles, mais solitaires, à l'émigration étrangère, le Honduras recevrait en échange tous les immenses trésors que la civilisation européenne a su amasser depuis des siècles.

Comme vous m'avez exprimé le désir de publier ces lignes (ce à quoi je vous autorise volontiers dans l'intérêt de l'entreprise), je suis forcé de resserrer dans un cadre très-restreint le tableau du pays, sur l'importance duquel j'aurais encore à vous communiquer mille détails intéressants; mais vous trouverez tout ce que je pourrais vous dire à ce sujet dans mon ouvrage sur les Etats du Nicaragua, du Honduras et du Salvador, qui paraît en ce moment à Brunswick ; je me résume donc ici en deux mots :

Il n'y a guère, dans le nouveau continent, de pays qui, ait, à mon avis, un plus grand avenir et qui présente en même temps des avantages plus réels à la colonisation, à l'industrie et au commerce européens que les Etats qui forment l'Amérique centrale. Situés entre les deux plus grands océans du monde, ils sont les intermédiaires forcés de tout le commerce qui se fait entre l'Europe, les Etats-Unis, la Chine, le Japon, l'Australie et les Indes orientales.

Enfin, l'établissement d'un chemin de fer à travers l'isthme du Honduras ne peut manquer d'attirer une quantité considérable de colons européens vers ces contrées saines et fertiles. Aussi, ceux qui auront, soit par leurs capitaux, soit par leur influence, contribué à peupler et à défricher ces vastes solitudes, auront non-seulement rendu un immense service à l'humanité, mais ils auront encore participé à une excellente spéculation.

Veuillez agréer, monsieur, l'assurance du profond respect avec lequel j'ai l'honneur d'être votre tout dévoué

Signé : Dr CART. SCHERZER.

Pour copie conforme,
    V. HERRAN.

Extrait du Rapport du colonel Edward Stanton au gouvernement de Sa Majesté.

Le golfe de Fonseca n'a subi que de très-légers change-ments depuis qu'il a été examiné par M. Edward Belcher et le rapport de celui-ci me paraît généralement exact.

Le lieutenant Jeffers, qui dernièrement a fait un travail très-complet sur les eaux du golfe, a mis, de la manière la plus gracieuse, le résultat de ses recherches, à ma dispo-sition, et m'a prêté, pendant toute la durée de mes opéra-tions, le concours le plus utile. — Je commençai par relever la position de tous les points importants des différentes îles qui sont en tête du golfe, et en même temps je traçai des lignes de sondage à travers le chenal. Voyant que ces lignes coïncidaient exactement avec celles du lieutenant Jeffers, je crus inutile de pousser plus loin la vérification de cette partie.

Le golfe de Fonseca offre plusieurs bonnes rades qui pour-raient servir de points d'embarquement pour le chemin de fer inter-océanique. Le climat des côtes, quoique chaud, est cependant tolérable et sain, et, à l'exception des fièvres qui n'offrent pas un caractère dangereux, les cas de maladie y sont très-rares.

L'île de Sacaté-Grande me paraît réunir toutes les condi-tions nécessaires à l'établissement d'un embarcadère. La profondeur de l'eau, à quelques pieds du rivage, est suffisante pour les plus grands steamers; l'ancrage est bon et parfaite-ment protégé contre les coups de mer; enfin, un chenal dans lequel il n'y a jamais moins de 63 pieds d'eau, même au moment des plus basses marées, conduit directement de la terre au milieu de la baie en passant à travers le groupe des îles. On peut à Sacaté-Grande se procurer de l'eau douce en quantité suffisante pour satisfaire à tous les besoins d'un grand établissement.

On pourrait également placer l'embarcadère et les entre-pôts dans l'île de Garova, mais elle est plus petite et moins favorablement située que celle de Sacaté-Grande. Elle est en outre éloignée de la terre d'une distance de deux milles, ce qui nécessiterait la construction d'une jetée.

Il est très-probable qu'on trouverait aussi sur la côte même une bonne position pour y établir une gare convenable ; mais, comme le tracé de la ligne n'est pas encore fait jusque-là, je pense qu'il vaut mieux, quant à présent, différer mes explorations de ce côté.

Signé : STANTON.

Is copia autentica :

Londres, enero 26 de 1867.

Signé : CARLOS GUTIERREZ.

PARIS. — IMP. DE V. GOUPY, RUE GARANCIÈRE, 5.

www.ingramcontent.com/pod-product-compliance
Lightning Source LLC
Chambersburg PA
CBHW070750220326
41520CB00053B/3809